¿Cómo mides la
longitud y la distancia?

How Do You Measure
Length and Distance?

por/by Thomas K. & Heather Adamson

CAPSTONE PRESS
a capstone imprint

Sue's flower is growing.
La flor de Sue está creciendo.

How tall is it? How can she tell?
She needs a way to measure.

¿Qué alta es? ¿Cómo lo puede saber?
Ella necesita una forma de medirla.

Is it the size of her foot?
No, her foot is too big.

¿Es del tamaño de su pie?
No, su pie es demasiado grande.

Is it the size of her nose?
No, her nose is too small.

¿Es del tamaño de su nariz?
No, su nariz es demasiado pequeña.

3

Is the flower the size of her hand?

¿Es la flor del tamaño de su mano?

Yes, that works.
Sí, eso está bien.

But wait.

Pero espera.

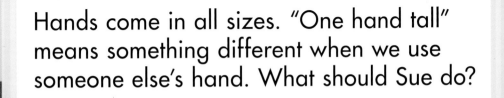

Hands come in all sizes. "One hand tall" means something different when we use someone else's hand. What should Sue do?

Las manos son de diferentes tamaños. "Una mano de alto" significa algo diferente cuando usamos la mano de otra persona. ¿Qué debería hacer Sue?

You can use anything to measure, including your hand. But people have made standard tools to help everyone measure the same way.

Rulers, yardsticks, and tape measures are tools. They measure how long, how tall, how far, or how deep.

cloth tape measure

cinta de tela para medir

metal tape measure

cinta metálica para medir

yardstick

vara para medir

6

Tú puedes usar cualquier cosa para medir, incluso tu mano. Pero las personas han hecho herramientas estándar para ayudar a todos a medir de la misma manera.

Las reglas, varas de medir y cintas de medición son herramientas. **Ellas miden qué largo, qué alto, qué lejos o qué profundo.**

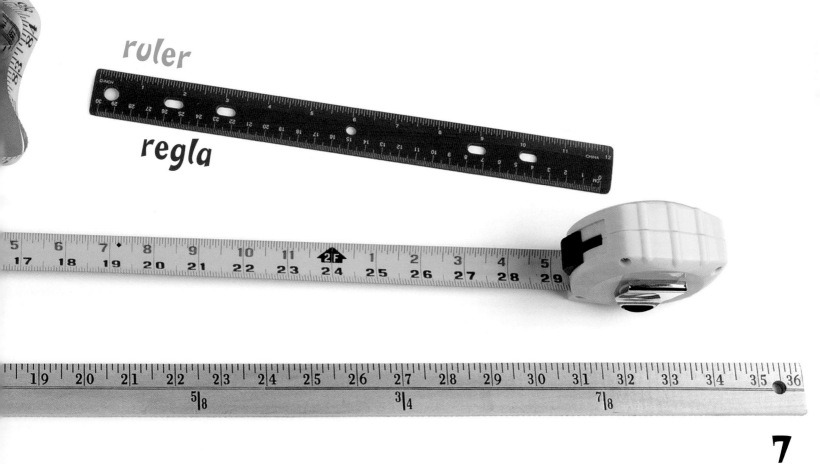

ruler

regla

People use inches, feet, and yards to measure how long, how tall, or how deep. Place the zero end of a tool at one end of an object. Then find the number at the other end. This number is the measurement.

La gente usa pulgadas, pies y yardas para medir qué largo, qué alto o qué profundo. Coloca el extremo del cero de una herramienta en un extremo del objeto. Luego encuentra el número en el otro extremo. Este número es la medida.

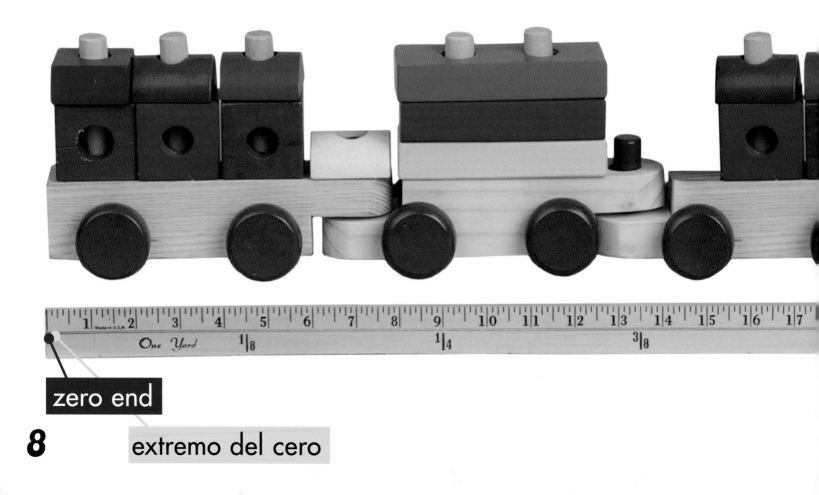

zero end

8

extremo del cero

The metric system uses centimeters, meters, and kilometers to measure how long, how tall, or how deep. In this book, metric measurements are shown in parentheses next to the other measurements.

El sistema métrico usa centímetros, metros y kilómetros para medir qué largo, qué alto y qué profundo. En este libro, las medidas métricas se muestran entre paréntesis al lado de las otras medidas.

measurement

medida

Let's measure Sue's plant in inches.

We're measuring height.
That's how tall something is.

The ruler shows that her plant is
5.5 inches (14 centimeters) tall.

Midamos la planta de Sue en pulgadas.

Estamos midiendo la altura.
Eso es qué alto algo es.

La regla muestra que su planta tiene
5.5 pulgadas (14 centímetros) de alto.

What else can we measure?
¿Qué más podemos medir?

How about Gary the guinea pig? Instead of his height, we'll measure how long he is, or his length.

¿Qué te parece Gary, el conejillo de Indias? En vez de su altura, mediremos qué tan largo es.

The ruler shows he's 7 inches (17.8 cm) long.

La regla muestra que él mide 7 pulgadas (17.8 cm) de largo.

13

What's longer than Gary?
¿Qué es más largo que Gary?

Let's check Barney the dog.
He's longer than one ruler.
It's time to measure with feet.
But not Sue's feet!

Miremos al perro Barney.
Él es más largo que una regla.
Es hora de medir con pies.
¡Pero no con los pies de Sue!

One ruler is 1 foot (0.3 meter).
One yardstick is 3 feet, or
1 yard (0.9 m).

Una regla tiene 1 pie (0.3 metros).
Una vara para medir tiene 3 pies
o 1 yarda (0.9 m).

14

Barney is longer than three Garys!
¡Barney es más largo que tres Garys juntos!

The dog is 2 feet (0.6 m) long.

El perro mide 2 pies (0.6 m) de largo.

How long is the bed?
¿Qué larga es la cama?

Sue needs two yardsticks to measure it.
The bed is 2 yards, or 6 feet (1.8 m), long.

Sue necesita dos varas para
medir para medirla. La cama tiene
2 yardas o 6 pies (1.8 m) de largo.

Barney! Off the bed.

¡Barney! Bájate de la cama.

17

What's longer than the bed?
¿Qué es más largo que la cama?

Sue goes out to the garage.
The truck looks pretty long.
What tool could she use to
measure it?

Sue va al garaje. La camioneta
parece bastante larga. ¿Qué
herramienta podría ella usar
para medirla?

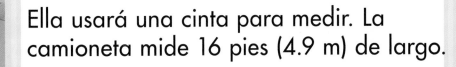

She'll use a tape measure.
The truck is 16 feet (4.9 m) long.

Ella usará una cinta para medir. La
camioneta mide 16 pies (4.9 m) de largo.

19

Sue's dad says it's time to leave.

How far will they go?

Long distances are measured in miles. A car can count the number of miles it travels.

El papá de Sue dice que es hora de irse.

¿Qué lejos irán?

Las distancias largas se miden en millas. Un automóvil puede contar el número de millas que viaja.

start trip

comienzo del viaje

The trip is 5 miles (8 kilometers) from Sue's house.

El viaje es de 5 millas (8 kilómetros) desde la casa de Sue.

end trip

final del viaje

They went to the pool!

Water is measured in depth, or the height from the surface downward.

The water in the pool is 3 feet (0.9 m) deep. Will the water be over Sue's head?

¡Ellos fueron a la piscina!

El agua se mide en profundidad o la altura desde la superficie hacia abajo.

El agua en la piscina mide 3 pies (0.9 m) de profundidad. ¿Quedará el agua sobre la cabeza de Sue?

23

We can measure her height to check. Remember that the yardstick is 3 feet. Is Sue taller than the water is deep?

Podemos medir su altura para verificarlo. Recuerda que la vara para medir tiene 3 pies. ¿Es Sue más alta de lo que el agua es profunda?

Yes, she *is*. Time to swim!

Sí, ella lo es. ¡A nadar!

There are many ways to measure
length, distance, height, and depth.
All you need is the right tool.

Hay muchas maneras de medir longitud,
distancia, altura y profundidad.
Todo lo que necesitas es la
herramienta correcta.

Sue and her flower
keep getting taller.

Sue y su planta siguen
creciendo en altura.

How tall will they grow?
¿Qué tan altas crecerán?

Cool Measuring Facts
Datos divertidos sobre medidas

• As of 2009, the **tallest dog** in the world is a Great Dane. Titan is 42.25 inches (107.3 cm) from the bottom of his paw to his shoulder.

• Hasta 2009, el **perro más alto** del mundo es un gran danés. Titán tiene 42.25 pulgadas (107.3 cm) de la punta de su pata hasta su hombro.

a Great Dane

un gran danés

• The world's **longest goldfish** measured 18.7 inches (47.5 cm).

• El **pez dorado más largo** del mundo midió 18.7 pulgadas (47.5 cm).

- The world's **tallest sunflower** was measured at 25 feet, 5.4 inches (7.8 m) in the Netherlands.

- El **girasol más alto** del mundo midió 25 pies, 5.4 pulgadas (7.8 m) en Holanda.

- A redwood in California is the world's **tallest living tree**, at 378.1 feet (115.2 m).

- Una secoya en California es el **árbol viviente más alto** del mundo, a 378.1 pies (115.2 m).

- As of 2009, the world's **tallest man** is Sultan Kosen, at 8 feet, 1 inch (246.4 cm).

- Hasta 2009, el **hombre más alto** del mundo es Sultan Kosen, a 8 pies, 1 pulgada (246.4 cm).

Glossary

depth—the height of something as measured from a surface downward; pools are measured in depth

distance—how far it is from one point to another

foot—a unit of length that equals 12 inches

height—how tall something is

inch—a unit of length; there are 12 inches in a foot

length—how long something is

measure—to find out the size of something

metric system—a system of measurement based on counting by 10s; meters and kilometers are basic units of measuring length in the metric system

mile—a unit of length equal to 5,280 feet

ruler—a long, flat piece of wood, metal, or plastic used for measuring length; rulers are usually 1 foot in length

tape measure—a measuring device made of a long piece of ribbon or metal that rolls out

yard—a unit of length equal to 3 feet

yardstick—a stick used to measure length that is 1 yard, or 3 feet, long

Internet Sites

FactHound offers a safe, fun way to find Internet sites related to this book. All of the sites on FactHound have been researched by our staff.

Here's all you do:

Visit *www.facthound.com*

Type in this code: 9781429668897

 Super-cool stuff! Check out projects, games and lots more at www.capstonekids.com

Glosario

la altura—qué tan alto es algo

la cinta para medir—un dispositivo para medir hecho de un pedazo de listón o metal que se desenrolla

la distancia—qué tan lejos es desde un punto hasta otro

la longitud—qué tan largo es algo

medir—averiguar el tamaño de algo

la milla—una unidad de longitud que equivale a 5,280 pies

el pie—una unidad de longitud que equivale a 12 pulgadas

la profundidad—la altura de algo medido de la superficie hacia abajo; las piscinas se miden en profundidad

la pulgada—una unidad de longitud; hay 12 pulgadas en un pie

la regla—una pieza larga y plana de madera, metal o plástico usada para medir longitud; las reglas miden por lo general 1 pie de largo

el sistema métrico—un sistema de medidas basado en contar de a 10; metros y kilómetros son unidades básicas de medidas de longitud en el sistema métrico

la vara para medir—una vara usada para medir longitud que mide 1 yarda o 3 pies de largo

la yarda—una unidad de longitud equivalente a 3 pies

Sitios de Internet

FactHound brinda una forma segura y divertida de encontrar sitios de Internet relacionados con este libro. Todos los sitios en FactHound han sido investigados por nuestro personal.

Esto es todo lo que tienes que hacer:

Visita *www.facthound.com*

Ingresa este código: 9781429668897

¡Algo súper divertido! Hay proyectos, juegos y mucho más en www.capstonekids.com

Index

Índice

A+Booksare published by Capstone Press,
1710 Roe Crest Drive, North Mankato, Minnesota 56003
www.capstonepub.com

Books published by Capstone Press are manufactured with
paper containing at least 10 percent post-consumer waste.

Library of Congress Cataloging-in-Publication Data
Adamson, Thomas K., 1970–
  [How do you measure length and distance? Spanish & English]
  ¿Cómo mides la longitud y la distancia? = How do you
measure length and distance? / by Thomas K. and Heather
Adamson.
      p. cm.—(A+ bilingüe. Mídelo = A+ bilingual. Measure it)
  Summary: "Simple text and color photographs describe the
units and tools used to measure length and distance—in both
English and Spanish"—Provided by publisher.
  Includes index.
  ISBN 978-1-4296-6889-7 (library binding)
  1. Length measurement—Juvenile literature. 2. Units of
measurement—Juvenile literature. I. Adamson, Heather, 1974–
II. Title. III. Title: How do you measure length and distance?
QC102.A3318 2012
530.8'1—dc22   2011001357

Credits
Gillia Olson, editor; Strictly Spanish, translation services;
  Juliette Peters, designer; Eric Manske, bilingual book designer;
  Sarah Schuette, photo studio specialist; Marcy Morin, studio
  scheduler; Laura Manthe, production specialist

Photo Credits
All photos by Capstone Studio/Karon Dubke

Note to Parents, Teachers, and Librarians
The Mídelo/Measure It series uses color photographs and a
nonfiction format to introduce readers to measuring concepts
in both English and Spanish. *¿Cómo mides la longitud y la
distancia?/How Do You Measure Length and Distance?* is
designed to be read aloud to a pre-reader, or to be read
independently by an early reader. Images and narrative
promote mathematical thinking by showing that objects and
time have measurable properties, that comparisons such as
longer or shorter can be made between multiple objects and
time-spans, and that there are standard and non-standard
units for measuring. The book encourages further learning by
including the following sections: Cool Facts, Glossary, Internet
Sites, and Index. Early readers may need assistance using
these features.

Printed in the United States of America in North Mankato, Minnesota.
082012   006803